Contraste insuffisant
NF Z 43-120-14

Illisibilité partielle

Absence de pagination
ou de foliotation

Valable pour tout ou partie
du document reproduit

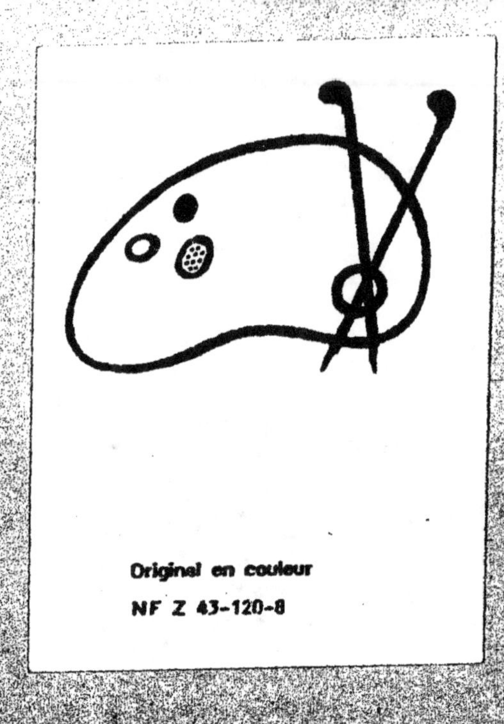

Original en couleur
NF Z 43-120-8

RENATI SECVNDI SYCILIAE REGIS ET LOTHORINGIAE DVCIS VITA PER IOANNEM ALVYSIVM CRASSVM CALABRVM EDITA.

Couverture inférieure manquante

VIE

DU DUC RENÉ II

IMPRIMÉE A SAINT-DIÉ EN 1510.

NANCY,

LUCIEN WIENER, ÉDITEUR, RUE DES DOMINICAINS, 53.

1875

Extrait du Journal de la Société d'Archéologie
lorraine, mai, juin 1875.

DE LA VIE DE RENÉ II.

Vers la fin de l'année dernière, un savant professeur de Strasbourg, M. Ch. Schmidt, devenu depuis notre confrère, me signalait l'existence, dans la bibliothèque de Schlestadt, d'un petit volume qui a échappé aux patientes investigations bibliographiques de M. Beaupré[1], et dont l'auteur paraissait s'être caché derrière un pseudonyme sous lequel il était impossible de le reconnaître. Cet opuscule, de six feuillets in-4° seulement, mais précieux à cause de sa rareté, puisqu'on n'en connaît jusqu'à présent qu'un exemplaire, porte le titre pompeux de RENATI SECUNDI SYCILIÆ REGIS ET LOTHORINGIÆ DUCIS VITA; celui qui l'a mise au jour s'appelait *Johannes Aluysius Crassus Calaber.*

---

[1]. M. Beaupré, me dit un de ses amis, connaissait l'existence de ce livre, mais n'avait pas été assez heureux pour en découvrir un exemplaire.

M. Schmidt me demandait quel pouvait être ce personnage, et me donnait, avec la description de son livre, quelques indications qui, pensait-il, pouvaient me mettre sur sa trace.

En 1510, *Andreas Reginius* (André Reynette), l'un des secrétaires de René II, sonrier de l'abbaye de Remiremont, et qui devint, en 1530, grand prévôt du chapitre de Saint-Dié, remit à Philésius[1] la RENATI VITA, que ce dernier fit imprimer dans l'officine de Gauthier Lud ; Philésius la fit suivre d'une épitaphe de René, et Pierre de Blarru, l'auteur de la Nancéide, mit à la fin un distique dans lequel se trouvent les lettres numérales qui indiquent l'année de la mort de ce prince. L'ouvrage est dédié par Philésius à l'évêque de Toul, Hugues des Hazards, *ex oppido divi Deodati anno* M. D. X.

La dédicace ne laisse aucun doute sur le lieu de l'impression, en même temps qu'elle fait voir la haute estime que son rédacteur professait pour l'auteur du livre :
« Venit autem in hiis diebus, procuratione viri clarissimi
» Andreæ Reginæ, in manus meas ejusdem principis vita,
» quam Aluysius Crassus Calaber, *vir multiscius et*
» *sine controversia doctissimus paucissimis* complexus
» est... Eam ego mox in officina Gualtherii Ludii viri
» optimatis stanneis nobis disseminandam publican-
» damque et tibi sacro Leucorum antistiti dedicandam
» putavi[2]. »

---

1. *Philésius Vosgesigena* est le littérateur et humaniste Mathias Ringmann, dont M. Schmidt vient d'écrire une curieuse biographie, qui paraîtra dans le prochain volume de nos *Mémoires.* J'ai cru pouvoir emprunter quelques notes au manuscrit de ce travail.

2. On trouvera la traduction de cette dédicace, avec celle de la *Vita Renati,* dans notre prochain numéro.

La Vie de René II, bien que ne portant pas de nom d'imprimeur, est donc sortie de l'atelier typographique que le chanoine Gauthier Lud venait d'établir à Saint-Dié; quant au compositeur de cette production littéraire, M. Schmidt ne mentionnait que des particularités assez vagues, desquelles il résultait seulement qu'il occupait des fonctions à la cour du duc Antoine, où il semblait jouir d'une grande considération, et était en relations avec plusieurs des hommes lettrés de cette époque.

Ainsi, dans la dédicace à Reginius du SYNTAGMA DE MUSIS, de Lilius Giraldus de Ferrare, qu'il publia à Strasbourg en 1511, Philésius le prie de saluer « *claros illos* » *inclytos viros* Symphorianum Camperium *et* Joan- » nem Aluysium, *inter aulicos illustris principis* » *nostri[1] florentissimos eruditissimos que* ».

Camperius est Symphorien Champier, conseiller et médecin du duc Antoine, auteur d'une foule d'ouvrages sur des sujets divers[2].

---

1. Le duc Antoine.

2. Voy. *Etude biographique et bibliographique sur Symphorien Champier*, par M. P. Allut. Lyon, 1859. J'ai rendu compte de ce livre dans le *Journal de la Société d'Archéologie* (t. IX, p. 203), en ajoutant quelques notes à la partie biographique.

Je me permettrai, puisque l'occasion s'en présente, d'y en ajouter encore une. M. Allut mentionne (p. 53), parmi les savants de l'époque avec lesquels Champier était en relations, Jean *Galfredus*, de Condrieu, médecin du duc Antoine. C'est sans doute Jean Geoffroy, que ce prince anoblit, qu'il gratifia de « la place » du Montet, et dont la fille, Valérie, épousa l'un des fils de Champier, lui apportant en dot ce joli domaine. — En 1529, Champier fit imprimer un petit livre sur l'antiquité, origine et noblesse de la très-antique cité de Lyon, et le dédia à « tres scavant docteur monsieur Bartholome Castel natif de Caume (Côme) docteur en Lois asclepiades ». Ce docteur, que M. Allut (p. 223) regarde comme un personnage imaginaire, n'est autre

Johannes Aluysius, dont le nom est suivi cette fois de l'épithète *Calaber*, est encore mentionné par Philésius, dans sa dédicace des quatre comédies de Plaute, publiées à Strasbourg en 1511, comme se trouvant alors à Toul, auprès de l'évêque.

Champier fit imprimer, en 1517, sous le titre de *Speculum Galeni*, un livre qui donna lieu, de la part d'un anonyme, aux plus grossières attaques contre son auteur. Un docte Italien[1], *Fidelis Risichus*, élève de Champier, prit chaleureusement sa défense, épuisant sans mesure, dans sa réponse, toutes les formules de l'adulation envers son maître et du plus profond mépris pour l'agresseur de ce dernier.

Cette réponse lui valut, de la part d'*Aluysius* (peut-être son compatriote), une lettre de félicitations[2] qui commence en ces termes : « Joannes Aluysius Crassus
» Calaber ducalis Lothoringiæ *senator* Fideli Risico
s. p. d.

» Fidelis suavissime salve. Epistolium tuum quod
» nuper in medicum quendam clarissimi philosophi
» domini Simphoriani Champerii præceptoris tui invidis-
» sum obtrectatorem edidisti, libenter legi... »

Risichus, dans sa réponse, appelle Aluysius *dissertissime orator*.

---

que Barthélemy Castel de Saint-Nazaire, conseiller et médecin d'Antoine, qui lui donna la seigneurie de Morley, dans la Meuse, et sur lequel nos Archives renferment une foule de documents. (Voy. Dom Calmet, *Notice de la Lorraine*, t. I. col. 916.)

1. Voy. p. 55 de l'ouvrage mentionné à la page précédente.

2. Cette lettre, mentionnée par M. Allut (p. 192), est imprimée dans un exemplaire du *Speculum Galeni* qui se trouve à la bibliothèque mazarine, à Paris.

Comment interpréter les qualifications d'*aulicus* et de *senator*, que l'on donne à celui-ci ou qu'il se donne lui-même ? Elles ne sauraient être prises à la lettre, et doivent signifier seulement qu'il avait, à un titre quelconque, entrée au Conseil du duc Antoine.

Je devais donc chercher si, de 1510 à 1517, il y avait, parmi les personnages attachés à la personne de ce prince, un individu, vraisemblablement du prénom de Jean, qui y occupât un emploi répondant, plus ou moins, à ceux d'*aulicus* ou de *senator*. J'en rencontrais trois : Jehan Loys et Johannes Lud, secrétaires, et Jean Geoffroy, médecin du duc, lequel devait joindre à ce titre, suivant l'usage, celui de conseiller.

Après bien des tâtonnements, je finis par opter pour le premier, et j'eus l'idée de voir si je ne le trouverais pas mentionné dans des documents antérieurs à ceux que je m'étais borné d'abord à consulter. Mon attente ne fut pas trompée, et je découvris, sinon absolument tout ce que je voulais (notamment l'explication du surnom de *Calaber*), du moins beaucoup de notes contenant le mot de l'énigme que M. Schmidt m'avait donnée à deviner.

La première de ces notes se trouve dans le compte de Jean Gerlet, d'Amance, chambre aux deniers ou argentier de René II, pour l'année 1491-1492[1] ; elle est ainsi conçue :

A Johannes Aluysius Crassus, secrétaire de Monseigneur *de Gurce*, que mondit seigneur (le duc) luy a fait donner pour une foys le xxiij° jour dudit moys (de juin), vingt florins d'or ; vallent. . . . . xl fr.

1. Trésor des Chartes, reg. coté B. 989, f° 51 v°.

La même mention est reproduite, avec quelques légères variantes, dans un rôle de sommes à payer, dressé en vertu d'un mandement du duc[1] :

A Johannes Aluysius Crassus, secrétaire de Monseigneur *de Gurces*, que luy avons fait donner pour une fois le xxiij^e jour dudit moys (de juin), vingt florins d'or; vallent. xl fr.

Quel pouvait être ce Monseigneur de Gurce, ou Gurces, à la personne duquel Aluysius était attaché ? Il était difficile de le découvrir, et peut-être n'y serais-je point parvenu si je n'avais rencontré plus tard son nom précédé de la qualification de cardinal[2]. Or, parmi les ecclésiastiques élevés à cette dignité par le pape Alexandre VI figure « Raymundus Perauld, Gallus, epis- » copus *Gurcensis*, presbyter cardinalis SS. Joannis et Pauli[3] ». Les recherches étaient dès lors devenues très-simples, et je n'eus qu'à ouvrir le *Dictionnaire histo-rique* de Moreri, où se lit, au tome VIII, un article conçu à peu près en ces termes :

« PERAULT (Raymond), né à Surgères, dans la Sain-tonge, étudia à Paris, où il fut reçu docteur de Navarre ; étant allé à Rome, il fut envoyé par le pape Innocent VIII nonce extraordinaire en Allemagne, ensuite d'un jubilé, pour y recueillir les aumônes des fidèles, qu'on devait employer contre le Turc. Bien que sa nonciature ne lui eût pas acquis beaucoup de réputation, il fut néanmoins élevé à l'évêché de Gurk[4], qu'il joignit à celui de Saintes, et il fut fait cardinal, en 1493, par le pape Alexandre VI,

1. Reg. des lettres patentes de l'année 1490-1493, B. 4. f° 199.
2. Voy. ci-après, 2e page.
3. *Historia Pontificum romanorum et Cardinalium*, t. III, col. 172 et 212.
4. Gurk, petit bourg d'Illyrie, sur le Gurk, avec la cathédrale de l'évêque résidant à Klagenfurt.

qui le renvoya légat en Allemagne. Il fut depuis légat de la province dite *du Patrimoine*, où il mourut à Viterbe, le 5 septembre 1505, à l'âge de 70 ans. Il avait composé quelques ouvrages. »

Etait-ce pendant son séjour à Rome ou durant sa première mission en Allemagne qu'il avait pris Aluysius à son service ? quelles raisons l'avaient-elles déterminé à le choisir ? pour quelle cause ce dernier le quitta-t-il pour s'attacher à René II ? ce sont autant de questions qu'il est impossible de résoudre ; toujours est-il que, l'année où il fut élevé au cardinalat, nous voyons son secrétaire remplir les mêmes fonctions près du duc de Lorraine :

A Johannes Alluysius Crassus, secrétaire, pour ses gaiges de ladite année, deux cens frans[1].

Sa nomination n'ayant pas eu lieu en vertu de lettres patentes, comme celles de plusieurs de ses collègues, on ignore quelles considérations avaient motivé le choix du duc ; ce qui est certain, c'est que ce dernier lui accorda bientôt sa confiance, puisque, deux ans plus tard[2], il le chargeait d'une mission assez délicate à remplir. À la diète de Worms, qui eut lieu en 1495, Maximilien Ier avait donné à René l'investiture des fiefs que celui-ci tenait de l'Empire ; mais il s'éleva des difficultés au sujet des termes dans lesquels il devait faire ses reprises pour ces fiefs. Après bien des contestations, on arrêta la formule du serment, et l'empereur, qui cherchait tous les moyens d'être agréable au duc afin de l'engager à prendre parti

1. Compte de Jean Gerlet pour l'année 1492-1493 (B. 991, reg. non coté), c'est-à-dire du 1er janvier 1492 avant Pâques jusqu'au dernier décembre de la même année, laquelle correspond à 1493 suivant notre manière de compter.

2. Le compte de 1493-1494 n'existe pas.

contre la France ; l'exempla de faire ses reprises en public, ainsi que le faisaient les autres princes, et les reçut dans une des salles du palais épiscopal de Worms. On en dressa un acte, et René fut obligé de donner, tant pour le rachat de son cheval, que pour ses habits et autres droits, la somme de 700 fr. « A ces choses furent présens, ajoute Dom Calmet[1], Olry de Blâmont, élu évêque de Toul ; Wary de Dommartin, abbé de Gorze ; Henry de Helmstat, doyen de Spire ;... Huin Roynette, président des Comptes de Nancy ; Jean Lud et plusieurs autres, tous conseillers du duc René ».

Alluysius ne figure pas au nombre des signataires de cet acte, quoiqu'il eût très-vraisemblablement pris part aux négociations qui le précédèrent, ainsi qu'il est permis d'en induire des deux mentions suivantes[2].

A Johannes Alluysius Crassus, secrétaire, que ledit seigneur Roy luy a fait donner pour faire ses despens allant ès Allemaignes devers le Roy des Romains, où ledit seigneur l'a envoyé pour ses affaires, soixante florins d'or du Rin... Vallent vj^xx fr.

A ung courrier du *cardinal de Gurce*[3] qui a apporté des lettres au Roy venant de Wormes de par le doyen de Spire[4], qu'il luy a fait donner pour en reporter des aultres audit doyen et à Johannes Alluysius estans audit Wormes, huict florins.... Vallent . . . . xvj fr.

1. *Histoire de la Lorraine*, t. II, col. 1106.

2. Elles sont empruntées au compte de Jean Gerlet pour l'année 1494-1495, B. 993, f°s 28 v°, 32 v°, 39 et 48.

Le même registre contient (f° 3) le compte de la dépense faite par René II pour aller à Worms.

3. Alors légat en Allemagne.

4. Henri de Helmstat, d'une famille lorraine, l'un des signataires de l'acte mentionné plus haut, et auquel René avait fait donner 38 fr. 6 gr. « pour despence par luy faicte au lieu de Wormes en besongnant » pour ses affaires. (B. 993, f° 39.)

A Johannes Alluysius, secrétaire, que le Roy luy a fait donner pour faire ses despens, allant à Wormes, où il l'a envoyé pour ses affaires, vingt florins d'or... Vallent... xl fr.

Nonobstant ces indemnités de frais de voyage, jointes à ses appointements, Alluysius avait contracté des dettes que René II crut devoir l'aider à payer :

A Jehan Alluisius, secrétaire, que le Roy lui a fait donner pour une foys pour soy ayder à desbedter dés mains de Rogier[1], trente florins d'or de Rin... Vallent . . . . . lx fr.

L'année suivante, René donna à son secrétaire plusieurs autres missions, qui témoignent de la confiance qu'il avait en lui :

A Johannes Aluysius pour ses despens en certain voyaige par ordonnance du Roy, ving florins, pour ce . . . . xl fr.

A *Jehan Aluys*, secrétaire, pour la parpaie de la despence qu'il avoit fait allant à Venize et à Padou mener George de Rohan pour estudier[2], oultre cent florins d'or à luy délivrez à son partement, trente neuf frans, pour ce . . . xxxix fr.

A Johannes Aluysius pour faire ses despens allant à Lyon[3] le premier jour de septembre vingt-cinq florins trect, pour ce. . . . . xliiij fr. ix gr.

A *Jehan Loys*, secrétaire, par mandement du Roy donné à Condey le xxviij^e jour d'octobre iij^{xx} xvj, vingt florins d'or d'une part et vingt florins pour ung cheval, pour ce iiij^{xx} fr.

---

1. Ce Rogier de la Case, ou della Casa, comme on le trouve aussi appelé, était un banquier, sans doute d'origine italienne, établi à Nancy, et qui faisait en même temps le commerce des draps de laine et de soie.

2. L'année précédente Géorges de Rohan, que René appelle son cousin, étudiait « aux écoles » de Bar, dirigées par un nommé Gilles Varlet. (B. 993, f° 28.)

3. Champier, qui était originaire de cette ville, devait s'y trouver en 1495, et il est possible que, dès lors, Aluysius soit entré en relations avec lui.

A *Jehan Loys*, par mandement du Roy donné à Nanci le derrier jour de décembre iiij[xx] xvj, dix florins, pour ce xx fr.[1]

Les pièces justificatives qui accompagnent le compte[2] dont je viens de donner des extraits, contiennent quelques détails qui les complètent. La première est une lettre missive du duc, cachetée du sceau de ses armes, adressée à son « amé et féal conseiller et chambre aux deniers Jehan d'Amance » :

De par le Roy de Sicille, etc.

Nostre amé et féal. Pour ce qu'envoyons présentement en aucun veaige pour noz affaires *Jehan Loys*, nostre secrétaire, vous mandons que luy baillez argent pour ses despens d'un mois, c'est assavoir ung florin pour trois jours, pour homme et cheval, qu'est, selon l'appoinctement qu'a esté fait avec luy, que seroit pour deux hommes et deux chevaulx, pour lesdits trois jours, deux florins. Avec ce escripvez à Rogier de la Case que en tant que ledit Jehan Loys demeureroit en sondit veaige plus d'un mois, qu'il escripve par delà à ses gens ou compaignons bancquiers qu'ilz luy baillent encor argent pour sesdits despens pour ung autre mois, et que vous l'en rembourserez à la raison dessusdite.

Oultre plus donnez luy encor pour ung cheval la somme de vingt florins que nous luy avons donné ceste fois ; tous lesdits florins d'or ou monnoie équivalent... Donné en nostre chastel de Condé, le xxiij[e] jour d'octobre mil iiij[c] iiij[xx] et seze.

RENÉ.

1. Compte de Jean Gerlet pour l'année 1495-1496, B. 994, f°s 25, 35, 41 v°, 49, 50 v°.

2. Ces pièces justificatives sont malheureusement les seules qui existent pour la période dont je m'occupe. Beaucoup d'entre elles portent les signatures de René II, de Philippe de Gueldres, de Hugues des Hazards et d'autres personnages.

> Ou donnez audit Jehan Loys ung cheval, si point
> en avez que luy soit propre, jusqu'à ladite
> somme de vingt florins.
>
> CRESTIEN[1].

Joint la quittance de celui pour lequel est donné le mandement qui précède :

> Die xviij mensis octobris : Ego Joannes Aluysius Crassus fateor habuisse et manualiter recepisse a Joanne da Mancza regio thexaurario quadraginta florenos renenses videlicet viginti pro uno equo quem regia majestas mihi largita est et viginti pro expensis meis unius mensis : Ad suam cautelam scripsi hunc chirografum et me subscripsi die mense ut supra in Castro Salinarum.
>
> Jo. ALUY[sius] secretarius.

Un mémoire, qui paraît être de la même main que cette quittance, porte :

> Sensuit ce que Jean Loys doit havoir
> Prymierement quattre florins de son voayge davignon
> Item quattre florins pour anvoyer de lettres de Lion
> Item deulx florins quil a done a missaiger de mons^r de Rohan quil vint de Pade jusques a Lion.

Vient ensuite un nouveau mandement du duc, avec le certificat de son maître d'hôtel, destiné à servir de décharge au comptable :

> De par le Roy
> A nostre amé et féal secrétaire et chambre aux deniers, Jehan d'Amance, salut. Nous voulons et vous mandons que de tous et quelzconques deniers de voz receptes vous en baillez, paiez et délivrez à nostre amé et féal secrétaire *Jehan Aluys*

---

[1]. Chrétien Simonin, de Chassenoy, l'un des secrétaires de René II et l'auteur présumé de la Chronique de Lorraine.

la somme de dix florins d'or qu'il a baillez et débourcé en certain voyaige qu'il a fait par nostre ordonnance et exprès commandement... Donné à Nanci le dernier jour de décembre mil iiij^e iiij^{xx} et seze.

RENÉ.

L. DE WIDRENGES[1].

Je Hardi Tillon, conseiller et maistre d'ostel du Roy de Sicille, etc., certiffie que Jehan d'Amance, chambre aux deniers dudit seigneur Roy, a baillé et paié contant à *Jehan Loys*, secrétaire dudit seigneur Roy, la somme de dix florins d'or que ledit Loys avoit avancez pour ledit seigneur Roy en certain voyaige fait par ledit Loys par l'ordonnance dudit seigneur Roy ; de laquelle somme de x florins d'or il s'est tenu contant. Tesmoing mon saing manuel icy mis le dernier jour de décembre mil iiij^e iiij^{xx} et seze.

H. TILLON.

On a dû remarquer les transformations diverses qu'a subies le nom du personnage dont je m'occupe, appelé tour à tour *Johannes Alluysius Crassus*, *Jehan Alluisius*, *Johannes Aluysius*, *Jehan Aluys*, enfin *Jehan Loys*, dénomination sous laquelle il est constamment désigné dans les comptes à partir du commencement du xvie siècle.

Une lacune dans la série de ces comptes[2] me le font perdre de vue durant les années 1497 et 1498 ; je le retrouve en 1499, chargé de nouvelles missions diplomatiques dont il est difficile de préciser l'objet :

A Jehan Aluysius que le Roy luy a fait délivrer pour son

1. Un des auditeurs des Comptes.

2. Il y en a malheureusement beaucoup d'autres, de 1500 à 1517, et c'est ce qui expliquera les interruptions dans la série des mentions que je vais donner.

voyaige d'aler, par l'ordonnance dudit seigneur Roy, en France, pour les affaires dudit seigneur Roy, vingt florins d'or. Appert par mandement dudit seigneur Roy, donné à Bar le viij^e jour de juillet. Pour ce . . . . xl fr.

Au serviteur de *Jehan Loys*, que le Roy luy a fait délivrer pour porter à son maistre à Lyon, pour s'en retourner par deçà, dix florins d'or. Appert par le mandement dudit seigneur Roy donné à Bar le xvij jour d'aoust iiij^xx xix... Pour ce . . . . xx fr.

A Johannes Aluysius, secrétaire, que le Roy luy a fait bailler et délivrer, assavoir : dix florins pour sa despence du mois d'aoust dernier passé, sept florins à son homme pour porter lectre à Pectre a Vincula en Avignon. Pour ce . . . . xxxiiij fr.

A luy, que sondit serviteur avoit empruntez à ung prebtre de Nostre Dame du Cheine lez Beaulus pour le louaige d'ung cheval, deux escus. Pour ce . . . . v fr.

Audit Jehan Aluys quatrevings douze florins d'or, assavoir: cent frans pour sa despence de cincq mois entiers en certain voyaige où le Roi l'envoye présentement, vingt florins pour une robbe que ledit seigneur Roy lui a donnez, et vingt deux florins pour ung cheval. Appert par le roolle expédié à Bar le xxiij^e jour de septembre iiij^xx xix. Pour ce. iiij^xx iiij fr[1].

On voit, par la mention relative à ses gages[2], qu'Aluysius fut payé pour six mois vingt jours en Lorraine et cinq mois dix jours en France.

Le duc Antoine lui continua les fonctions qu'il occupait près de René II, mais on ne sait, faute de documents, si, à l'exemple de son prédécesseur, il lui confia des

1. Compte de Jean Gerlet pour l'année 1498-1499, B, 996, f°s 72 et 75.

2. Ibid., f° 22, v^o.

missions extraordinaires. Les comptes des années 1501-1502, 1505-1506, 1507-1508, 1509-1510, 1510-1511[1], les seuls que l'on possède, ne font mention que du paiément de ses gages, restés fixés à la somme de 200 francs. Il y est invariablement désigné sous les noms de *Jehan Loys.*

En 1515, conjointement avec Symphorien Champier, il accompagna le duc dans son voyage « delà les monts »; mais il ne revint pas en Lorraine avec eux[2], Antoine l'ayant laissé près du pape pour des affaires qui ne sont pas connues :

A maistre Jehan Loys, *conseillier* et secrétaire de mondit seigneur le duc, la somme de cinquante escuz d'or soleil pour fournir à sa despence en la court de nostre Sainct Père, où mondit seigneur le duc l'a laissé pour ses affaires. Appert par mandement de mondit seigneur le duc, donné à Boulongne (Bologne) le xvij⁰ jour de décembre mil cinq cens et quinze. Pour ce. . . . . c libvres t³.

Cette mention est la seule où Jehan Loys soit qualifié conseiller du duc. Le compte de l'année 1519-1520 (où il est appelé Jehan *Aloys*) ne lui donne que le titre de secrétaire, toujours aux gages de 200 fr.[4]; il ne figure plus dans celui de l'année suivante, d'où l'on doit conclure

1. En 1511, ainsi qu'on l'a vu plus haut (p. 79), Aloysius était à Toul, auprès de l'évèque Hugues des Hazards, en compagnie de Regloles, qui s'était retiré dans cette ville pour fuir une peste qui régnait à Remiremont.

2. On voit, par la mention relative à ses gages, qu'il n'y fut que de janvier à juillet : les cinq autres mois lui furent payés sur le chapitre de la dépense des voyages faits en France et delà les monts.

3. Compte de Jean Goriet pour l'année 1514-1515, B. 1020, f° 115.

4. Compte de Didier Bertrand, trésorier général, B. 1025, f° 34 v°.

qu'il était mort ou bien qu'il avait quitté soit la Lorraine, soit seulement le service du duc.

Aucune des mentions que je viens de reproduire ne fait allusion au surnom de *Calaber*[1] qui est donné à Aluysius dans l'intitulé de la Vita Renati ; on peut néanmoins supposer qu'il doit indiquer le pays d'où il était originaire. Aucune de ces mentions ne sert non plus à expliquer les pompeuses épithètes dont il est gratifié par les personnages avec lesquels il était en relations : *multiscius, doctissimus, vir inclytus, florentissimus, eruditissimus, dissertissimus orator.* En faisant une large part à l'exagération ou à la flatterie, il fallait bien que celui que l'on qualifiait ainsi eût un mérite réel. De quel genre était-il ? Si l'on juge Aluysius d'après la seule production de lui que l'on connaisse, il est permis de dire, sans offenser sa mémoire, qu'il n'était pas un littérateur éminent. Il fallait qu'il possédât d'autres genres de talent.

Les fonctions qu'il occupa près de René II et d'Antoine, quoique très-modestes en apparence, furent remplies par plusieurs hommes distingués à divers titres : c'est ainsi que, parmi les secrétaires et conseillers de ces princes figurent Jean Lud et Chrétien, Hugues des Hazards, prévôt de Saint-Georges, puis évêque de Toul ; Pierre de Blarru, l'auteur de la Nancéide ; Jean Basin de Sandaucourt, à qui l'on doit la publication de ce livre ; le médecin et littérateur Symphorien Champier ; l'historien de la guerre des Rustauds, Nicole Volcyr, et, avant plusieurs de ceux que je viens de nommer, le chanoine Gauthier Lud.

1. *Crassus* est-il aussi un surnom ou un nom de famille ? On ne saurait le dire.

Ce dernier ne fut pas seulement l'introducteur de l'imprimerie à Saint-Dié, il fonda encore, dans cette petite ville des Vosges, une association littéraire et scientifique analogue à celle dont Wimpfeling et Geyler avaient été les promoteurs à Strasbourg. Le *Gymnasium vosagense*, comme on appelait cette sorte d'académie, l'une des plus anciennes peut-être de l'Europe, dut compter dans son sein, au commencement du xvie siècle, tous ceux qui aimaient ou cultivaient les lettres : au premier rang Gauthier Lud, qui en était l'âme ; Mathias Ringmann (*Philésius*), son associé pour l'imprimerie ; l'ami de ce dernier, Martin Waltzemüller (*Ylacomilus*), l'auteur de la *Cosmographiæ introductio* ; André Reynette (*Reginius*), Louis de Dommartin, grand prévôt du chapitre de Saint-Dié ; l'évêque de Toul, Hugues des Hazards ; Symphorien Champier, Pierre de Blarru, Jean Basin, Jean Aluysius et d'autres. René, qui avait hérité des goûts du bon roi son aïeul pour la littérature et les arts[1], était le protecteur de cette académie, qui travaillait alors à mettre au jour une édition de Ptolémée destinée à surpasser toutes les autres.

Quelle part Aluysius prit-il au mouvement intellectuel qui s'accomplissait en Lorraine sous l'impulsion éclairée du souverain ? On l'ignore complètement ; mais ses rapports avec Philésius doivent faire supposer qu'il fut

---

1. Ce prince dut s'intéresser aussi aux progrès de l'imprimerie de ses États, si l'on en juge par la mention suivante du compte de la dépense de son voyage en France pendant l'année 1486 (B. 984, f° 11 v°) :

« Aux compaignons qui font les livres en impression près de « nostre hostel de Harrecourt, à Paris, en don que leur avons fait « pour les veoir besongner, deux escus d'or ».

loin d'y rester étranger. C'était donc faire acte de justice que de tirer son nom de l'oubli.

Il m'a semblé que cela ne suffisait pas et que l'on aimerait à connaître la seule production sortie de sa plume, production devenue aujourd'hui une rarissime curiosité bibliographique. Grâce à l'obligeante intervention de M. Schmidt, le bibliothécaire-archiviste de Schlestadt, M. Wendling, a bien voulu faire une copie de la Vita Renati, page par page, ligne par ligne ; il a même eu la complaisance de calquer le titre, ce qui me permet d'en donner un fac-simile. Il n'est pas possible d'en faire autant pour le volume tout entier, qu'il faudrait avoir sous les yeux pour essayer de l'imiter[1] ; on a donc dû se borner à l'imprimer page par page, en conservant les coupures des lignes.

M. l'abbé Guillaume a consenti à en faire une traduction aussi littérale que possible, qui viendra à la suite du texte original. Tout le monde sera ainsi à même d'apprécier la valeur de cette biographie de René II.

Henri LEPAGE.

---

1. La justification, comme on dit en termes d'imprimerie, mesure, y compris le titre courant, 15 cent. 2 mil. en hauteur, et 9 cent. 7 mil. en largeur.

RENATI SECVNDI SYCILIAE REGIS ET LOTHORINGIAE DVCIS VITA PER IOANNEM ALVYSIVM CRASSVM CALABRVM EDITA.

EPISTOLA

Reverendo antistiti Hugoni de Hasardis
episcopo tullensi. Philesius Vogesigena.

Magnam iacturam anno superiori Lothoringia
fœcisse visa est eminentissime Præsul : quæ Renato
Syciliæ rege, optimo principe suo orbata, omni præsidio destituta credebatur. Eam ob causam nemo
non tota mente consternatus erat : nemo reperieba-
tur qui non molestissimo animo ferret pernitiosam
mortem tanti principis justiciæ, ac pacis, liberarumque
amantissimi. Tum tu qui verus patriæ diceris esse
pater, et cuius ille dum viveret in magnis rebus con-
silium non parvi estimabat solerti industria tua ac
fœlicibus auspiciis rebus nutantibus succurristi : ut-
pote qui totis viribus recumbentem in te molem su-
stinueris et rerum habenas tantisper tractaveris dum
Anthonius eius primogenitus regni gubernacula
assumeret : qui te potissimum coadiutore consultatore-
que ut generosam sobolem decet virtutes patrias exa-
mussim emulari et boni principis officium strenui-
ssime adimplere cernitur : ut suis utilitatem, sibi ve-
ro gloriam pariat sempiternam. Sub quo certe non
minores victoriæ genti suæ si bellum ingrueret speran-
dæ essent : nec pacis tranquillitate minor quies, ac
sub ipso victorioso clementique genitore. Jam itaque
omnis mœror in læticiam est convertendus : et qui dole-
bamus talem ac tantum nobis ereptum principem, gau-

deamus nobis restitutum eiusdem stipitis ramum haudqua-
quam degenerem : ut verum appareat quod ait Sybilla apud
Maronem : Primo avulso non deficit alter.
Aureus et simili frondescit virga metallo.
Gaudeamus inquam et lætemur propter datum nobis op-
timi principis optimum filium. Nec ita tristemur aut
continuo mœrore conficiamur ob solutum liberatumque cu-
ris patrem : qui calamitosam erumniæque plenam hanc
vitam cum cœlesti commutans, mundum liquit beatorum
cœtui associatus. Venit autem in hiis diebus procuratione viri clarissimi Andreæ Reginæ in manus meas eiusdem principis vita : quam Aluysius Crassus Calaber vir multiscius et sine controversia doctissimus
paucissimis complexus est : ut quem ætas nostra cla-
ris victoriis ac magnitudine gestorum (que longe la-
teque percrebuerunt) postremoque eruditione ac sancti-
monia vitæ inclytum sciret, illius quoque nominis immor-
talitas et celebris memoria scriptorum præconio ad po-
steritatem transmitteretur. Eam ego mox in officina
Gualtherii Ludii viri optimatis stanneis nobis disseminandam publicandamque et tibi sacro Leucorum antistiti dedicandam putavi : ut primum Aluysii nostri et
deinde etiam meam in illustres Lothoringiæ principes
ac dignationem tuam cognosceres observantiam. Va-
le præsul amplissime, et hec qualiacumque boni consulens nos
clientulis tuis virtutumque tuarum admiratoribus ascribe-
re digneris. Ex oppido divi Deodati. Anno MDX.

ij

VITA RENATI

RENATI SECUNDI SYCILIÆ REGIS ET LOTHORINGIÆ DUCIS VITA

per Joannem Aluysium Crassum
Calabrum edita.

RENATUS SECUNDUS SYCIliæ Rex et Lothoringiæ dux vigesimum tertium agens annum Nicolao Andegavio avunculo successit. Paulo post belligeranti Carolo Burgundiæ duci cum Gallis et Germanis, Renatique ditionem præter pactæ fidei conditiones depopulanti : bellum indixit, Fœderico tercio Romanorum imperatore et Ludovico XI. Gallorum rege impulsoribus : qui et ipsum et ditionem suam ab omni iniuria se defensuros spoponderant. Ob quod Carolo in Lothoringiam movente, Renatus vllis neque ab imperatore neque a rege suppetiis missis, tumultuario collecto exercitu ei ad Pontem Montionis instructa acie occurrit. Sed detractante pugnam Carolo, nennullisque Germanis qui cum eo sentiebant a fide Renati deficientibus, illorum veritus perfidiam tribus milibus fortissimorum Helvetiorum suisque equitibus stipatus acie instructa cum omni commeatu et machinis bellicis per conspectum hostium Nanceium sese recœpit : ibique firmato præsidio ad Ludovicum

celeriter contendit. Apud quem cum aliquamdiu de
gisset, nihilque auxilii vel spei comperisset, Carolusque
vniuersa fere Lothoringia positus cum Heluetiis
belligeraret : Renatus ad Heluetios aduolauit A
quibus dux exercitus factus ad Moratum (quod Ca-
rolus maximo exercitu obsesserat) omnem fere illius
exercitum contriuit. Unde proficiscens Nanceium quod
firmissimo Anglorum præsidio tenebatur in fidem
recepit : ibique fidelissimo imposito præsidio ad Ludouicum iterum contendit. A quo cum nihil apud eum
melius quam antea inuenisset ad Heluetios (quos sibi
maximis officiis astrinxerat) sese recipiens difficul-
ter parauit exercitum Legato apostolico qui Burgundo fauebat omnia interturbante. Tandem coa-
ctis robustissimis Heluetiorum copiis, ac Sigismun-
do archiduce Austriæ, fidelissimisque Argentinensi-
bus, et cæteris Alsatiæ magistratibus suppetias tor-
mentaque bellica iure fœderis subministrantibus : Carolum Nanceium obsidentem iamque de deditione agitan-
tem tanta animi alacritate adortus est, vt omni de-
leto exercitu, duceque antea inuicto occiso : non solum
Gallos et Germanos (quibus Burgundus terrori fu-
erat) sed vniuersam Europam (quæ illius potentiam
expauescebat) momento temporis metu liberaue-
rit. Postridie quam pugnatum est : Carolum inter oc-
cisorum cadauera repertum Renatus non vt hostis ho-

stem sed vti patrem filius honorificentissime huma-
ri curauit, et in æde diui Georgii (vbi mortui Lothoringiæ duces conduntur) magnifica donauit se-
pultura. Mariam eius filiam et heredem ob pater-
nas iniurias hostili vi insequi noluit. Indecorum exi-
stimans fortissimo duci, præsertim catholico, cum virgi-
ne et orphana manum conserere. Lothoringiam fer-
ro ignique depopulatam omni studio restaurare cu-
ravit. Familiares et subditos, quos sibi fideles com-
perit largissima munificentia complexus est : nullo de
hiis qui Burgundo adheserant sumpto supplicio.
Patria extorribus consilio et opibus semper adfuit
reis et sontibus indulgentiam petentibus illius cle-
mentia defuit nunquam. Existimabat namque iusticiam se-
ueritatem esse quæ careret clæmentia. Hostes acer-
rimos sibique clam insidiantes nisi aperto marte nus-
quam gentium ledere dignatus est. Cum Ferdinandus Aragoniæ nothus Syciliæ tyrannus Sixti iiii.
pontificis cæterorumque Italiæ potestatuum bello laces-
seret Venetos (tamquam qui totius Italiæ dominatum am-
birent) accersitus a Venetis Renatus primo congres-
su nonnullis oppidulis captis Ferrariam vrbem Italiæ munitissimam (cui Alfonsus Ferdinandi filius cum
vniuerso Italicensi exercitu præerat) oppugnare cœ-
pit ; sperans illum lenibus utrinque commissis prœliis ad
pugnam ellicere posse, in qua de summa rei dimica-

retur. Quod intelligens Ferdinandus, maxime gna-
rus filium et animositate et rei militaris disciplina ac
gloria Lothoringo imparem esse : accepta ignominio-
sa a Venetis pace Herculem Ferrariæ ducem eius ge-
nerum, qui illius suasu ei bello se socium addiderat
in Venetorum seruitute dereliquit : Alfonsum filium
in regnum reuocans, quod Renati in Italiam aduen-
tu tumultuare præsenserat. Eodem tempore Ludo-
uico rege vita functo Renatus a proceribus regni
vocatus nocturnis diurnisque itineribus in Gallias contendit : puerulo adhuc regi Carolo incredibili fide,
obseruantia, et integritate absque alicuius iniuria ser-
uiuit : regiam regnique vtilitatem commodo proprio
anteponens. Eam Ferdinandus nactus occasionem
in Syciliæ regulos, quos Renato affici verebatur,
sevire occœpit. Quorum plerique Innocentii octaui au-
xiliis Andegauiis vexillis erectis Renatique nomine
inuocato vniuersam fere Calabriam, Apuliam, Lu-
caniam, Pelignos, maioremque Campaniæ partem
et Ferdinandi fide deficere persuaserunt. In tantam
enim illum rerum desperationem compulerant vt audito
solum Renati apparatu de fuga potius animo agi-
tauerit quam quomodo ei aduenienti obsistere potuisset
Cuius formidine perterriti Laurentius Sfortia et
Ludouicus Medices Gallorum nomen suopte ingenio
perosi, nec obliti iniuriarum quibus eorum progenito-

iiij

res Andegaviam domum affœcerant : composita non absque
dolo inter Innocentium et Ferdinandum pace, Renatum
qui iam Lugdunum exercitum duxerat itineribus occlu-
sis interceptisque in Lothoringiam regredi coegerunt :
vbi deuotioni se totum conuertens reliquum vitæ tem-
pus Deo, subditis, et sibi impendit. Ante omnia De-
um coluit tantaque deuotione et animi feruore inter-
diu ac noctu diuinis orationibus insistebat vt alter
Dauid ab omnibus iudicaretur. Ditionem et subditos suos tanta animi moderatione rexit : vt omnibus
iusticia nemini fieret iniuria. Nobilitatem vnice a-
mauit. Militares homines in precio habuit : bonos co-
miter laudans, malos et rapinæ cupidos solo aspe-
ctu et grauitate morum a maleficio absterrens. Studi-
osos et liberatos viros summis honoribus affœcit. Sa-
cras literas per se legit. Recentiorem hystoriam studi-
osissime vidit. Syderali scientiæ exactissimam nauauit
operam. Nec iurium fuit ignarus. Dicebat enim principem iurium expertem ius ab iniuria minime discerne
posse. Plebem suam ab omni iniuria vendicauit. Et
si qui finitimorum rapinæ studio excursiones faciebant
ne subditi sui aliquid hostile paterentur illorum rabiem
auro argentoque refrenabat. Venationis omnis gene-
ris adeo studiosus fuit, quod eo exercitio nec æstate
nec hyeme abstinebat. Putabat namque venationem ad
sanitatem conseruandam ociaque vitanda conferre. Biennio

antequam obiret, quoniam stomacho laborabat sepeque
lateris dolore torquebatur : testamentum condidit, quo
ducatus Lothoringiæ et Barri, marchionatum Pon-
tis comitatum Valles montes, ac omnem Andegaviæ
domus successionem Anthonio filio natu maiori le-
gauit. Dominia que in Gallia plurima possidebat Clau-
dio. Joannem et Ludouicum in Metensem et Virdunensem
episcopos evehi curauit. Franciscum (cui tantum speci-
osissimam eius figuram imaginemque reliquit) matris fra-
trisque charitati reliquit. Vasa aurea argenteaque et
omnem preciosissimam suppellectilem vxori dedit. Nec
multo interiecto tempore biduo antequam obiret die ve-
neri que passionem domini recenset sacerdoti se antea osten-
dens expiatam animam cœlesti cibo paneque angelico
refœcit. Secunda de contemptu mortis deque ætherea
patria longissimum habuit sermonem. Tertia que Christi
resurrectionem prefigurat post missarum solemnia cum ve-
natum consuetudine sua prope Barrum proficisceretur
apoplexi correptus in propinquam arcem equo sedens ve-
hitur. Inde in grabatum depositus animam Deo commen-
dans extrema habita vnctione vita excessit : ætatis
suæ anno Lvij et Christianæ salutis viij supra sesqui-
millesimum. Eius deinde corpus Nanceium honorificentissime delatum est, et in basilica sancti Francisci quam
ipse in vita erexit summoque in honore habuit se-
pultum.

FINIS VITÆ.

Epitaphium Renati secundi Syciliæ regis
ac Lotharingiæ ducis conditum
a Philesio Vogesigena

Regia quem Solymi decorarunt stemmata sceptri
Regnaque cum Syculo Parthenopaea solo.
Et quem mœsta dolet vita Lothoringia nectum
Barrensisque suum quem gemit ora ducem
Occidit insigni fulgens pietate Renatus
Dignus Nestoreos exuperasse dies.
Strenus magnanimo qui gessit prœlia ductu
Frangens Burgundi colla inimica ducis.
Dumque sua victo potitur ditione Leone
Tranquilla populum commoditate regens
In variis sese studiis exercuit ipsos
Officiens doctos doctus honore viros.
Hinc mediam tangens mira probitate senectam
Scandiit ad superi sydera celsa poli.

ORTA CADVNT

Distichon Petri de Blarorivo in quo
literæ numerales important annum
obitus Renati

Rex probus in sancta requiescat pace Renatus
Truxque graui cesus antea Marte Leo.

CHRISTIANAM VITAM INTE-
GERRIME AGENTI
CHRISTIANUS CONTIGIT
OBITUS.

LAUS DEO.

TRADUCTION.

—

OBSERVATION DU TRADUCTEUR.

Le titre donné par Aloysius Crassus à son œuvre, semble être par trop prétentieux. On ne trouve, en effet, dans cet écrit d'un latin passablement embarrassé, rien des premières années de René, rien de son double mariage, presque rien de ses exploits guerriers. Crassus le prend au commencement de ses différends avec Charles de Bourgogne, marque ses voyages infructueux à la cour de France, la formation d'une armée avec des Suisses et des troupes allemandes ; ne fait, de la bataille de Nancy, qu'indiquer la chute du duc de Bourgogne, à qui son généreux rival fait de magnifiques funérailles. Il le montre combattant en Italie pour les Vénitiens, mais pour le ramener presque incontinent en Lorraine, où il le fait voir exclusivement occupé du soin de ses duchés, de l'étude, de la chasse et du plaisir d'honorer et d'encourager les savants. Il détaille les qualités personnelles de son héros, surtout sa piété sincère ; rappelle quelques articles de son testament, puis le fait, presque sans désemparer, mourir dans son château de Fains, près de Bar, d'où son corps est amené à Nancy pour être inhumé dans l'église des Cordeliers, qu'il avait fait élever de son vivant.

On pourrait tout au plus intituler cet opuscule : Vie caractéristique ou Portrait moral du duc René ; au moins est-ce l'effet qu'il produit.

ÉPITRE DÉDICATOIRE

AU RÉVÉREND PRÉLAT HUGUES DES HAZARDS[1], ÉVÊQUE DE TOUL. PHILÉSIUS LE VOSGIEN[2].

La Lorraine a paru avoir fait une immense perte, très-

1. Hugues des Hazards, 75e évêque de Toul (de 1506 à 1517), chef du conseil de René II.

2. Mathias Ringmann, surnommé Philésius des Vosges, né aux environs de l'abbaye de Pairis, dans un village de la vallée d'Orbey,

éminent prélat. Orpheline de son excellent prince, René,
roi de Sicile, on l'estimait dénuée de tout secours. C'est
pourquoi chacun était dans la consternation ; on ne ren-
contrait personne qui ne supportât qu'avec le plus amer
chagrin intérieur la cruelle mort d'un prince si grand, et
qui aimait avec passion la justice, la paix et les lettres.
De plus, vous qui êtes considéré et proclamé le vrai père
de la patrie et de qui, lorsqu'il vivait, il prisait si fort les
conseils dans les affaires importantes, vous l'avez aidé
par votre ingénieuse activité et lui avez été du plus heureux auspice dans les douteuses, à ce point que vous avez
seul et avec un courage étonnant supporté le poids qui pesait
sur vous et que vous avez un moment tenu les rênes de
l'État, jusqu'à ce qu'Antoine son fils en ait pris le gou-
vernement. On voit ce prince, dont vous êtes le principal
coadjuteur et conseiller, s'efforcer, au parfait et comme
il convient à un noble fils, d'imiter les vertus paternelles
et de remplir avec ardeur les devoirs d'un bon prince ;
enfin, d'assurer à ses sujets toutes sortes d'avantages et
à lui une gloire éternelle.

Sous sa conduite, on pourra bien espérer, si la guerre
éclatait, des victoires non moins brillantes, et dans le
calme de la paix, un repos non moins assuré que sous le
sceptre de son victorieux et clément géniteur. C'est
pourquoi toute tristesse doit, dès maintenant, se changer
en joie, et nous qui regrettions le tel et si grand prince
que la mort nous a ravi, réjouissons-nous de ce que le
rameau qui nous revient de la même tige n'est nullement
dégénéré, de sorte que se trouve encore vérifié ce que

en 1482. Il a donné la *Grammatica figurata*, imprimée en 1509,
à Saint-Dié, par Gauthier Lud. (Voir M. Beaupré : *Recherches sur
les commencements de l'imprimerie en Lorraine*, p. 59 et 68.)

dit la Sybille dans Virgile : Le rameau cueilli est bientôt
remplacé par un autre qui se couvre, comme le premier,
d'un feuillage d'or[1].

Réjouissons-nous, dis-je, et tressaillons d'allégresse
pour le don qui nous est fait de l'excellent fils d'un excellent père, maintenant affranchi et délivré de tous soins ;
d'un père qui, échangeant cette vie malheureuse et rem-
plie de chagrins contre la vie éternelle, n'a quitté ce
monde que pour se réunir à l'assemblée des bienheureux.

Or, il m'est venu en mains, ces jours derniers, par le
soin du célèbre André de Reynette[2], la vie de ce même
prince composée par Aluysius Crassus, calabrois, homme
de beaucoup de science et, sans conteste, le plus docte
dans le petit nombre des vrais savants, dans le but de
faire connaître à notre siècle ce héros si renommé par
ses éclatantes victoires, par ses hauts faits dont le bruit
retentit de toutes parts, par ses connaissances et par la
sainteté de sa vie, et pour transmettre à la postérité, par
les éloges des historiens, son nom désormais immortel
et son illustre mémoire. J'ai pensé aussitôt à la publier
et à la répandre en la livrant aux presses de Gauthier

1. Il s'agit du rameau d'or que, d'après l'indication de la Sybille,
Énée devait trouver et cueillir pour l'offrir à Proserpine et obtenir,
par là, de pénétrer dans l'empire des morts et d'y chercher son père :

> . . . . Latet arbore opaca
> Aureus et foliis et lento vimine ramus
> Hunc tegit omnis lucus. . . . .
> Hoc sibi pulchra suum ferri Proserpina munus
> Instituit. Primo avulso non deficit alter
> Aureus et simili frondescit virga metallo.
>
> (Eneid., lib. VI, v. 136 et 142.)

2. André de Reynette, qui fut le 34ᵉ prévôt de Saint-Dié, de 1530
1557.

Lud, renommées par leurs caractères, et la dédier à vous, vénérable évêque des Leukes, dans le dessein de vous manifester le profond respect de notre Aluysius et le mien pour les illustres princes de Lorraine et pour votre dignité. Salut, illustrissime prélat, et si vous accordez quelque mérite à cet écrit, daignez nous compter au nombre de vos clients et des admirateurs de vos vertus. De la ville de Saint-Dié, an M.D.X.

VIE DE RENÉ II.

René second, roi de Sicile et duc de Lorraine, succéda, dans la vingt-troisième année de son âge, à son oncle Nicolas d'Anjou. Bientôt, Charles, duc de Bourgogne, en lutte contre les Français et les Germains, désolait en même temps par ses ravages le domaine de René, au mépris des conventions de foi jurée ; René lui déclara la guerre à l'instigation de Frédéric III, empereur des Romains, et de Louis XI, roi de France, qui lui avaient promis de défendre sa personne et son duché contre toute agression. Et parce que Charles, se mouvant dans la Lorraine, René ne recevait de secours ni de l'empereur ni du roi, il s'avança jusqu'à Pont-à-Mousson, pour lui livrer bataille avec une armée équipée. Mais Charles ayant décliné le combat, et nombre d'Allemands qui étaient de son avis ayant manqué de parole à René, ce prince, redoutant leur perfidie, se retira à Nancy avec trois mille des meilleurs Suisses et sa cavalerie, escorté de cette armée équipée avec ses munitions et ses machines de guerre, en raison du voisinage de l'ennemi. Là, ayant fortifié la place, il se retira en toute hâte vers

Louis. Il resta quelque temps auprès de lui, sans en pouvoir obtenir de secours ni d'espoir de secours. Cependant Charles, en possession de presque toute la Lorraine, continuait la guerre avec les Suisses. Alors René vola chez les Helvétiens, qui l'avaient choisi pour chef à Morat, lorsque Charles assiégeait cette ville avec une puissante armée, que René détruisit presque tout entière. D'où revenant à Nancy, qui était gardé par une forte garnison d'Anglais, il la prit sous sa protection, y plaça une troupe de très-fidèles soldats et se rendit une seconde fois auprès de Louis. Il n'en obtint rien de mieux qu'auparavant ; alors il se retira vers les Suisses, qu'il s'était attachés par d'éminents services ; il se forma chez eux une armée, mais non sans difficultés, le légat apostolique, qui favorisait le Bourguignon, lui suscitant toutes sortes d'embarras. Enfin, ayant réuni de vaillantes troupes composées de Suisses ; Sigismond, archiduc d'Autriche, les fidèles Strasbourgeois et d'autres magistratures d'Alsace lui ayant fourni des secours et des engins de guerre, en vertu de la foi jurée, il attaqua Charles, tenant investi Nancy et déjà se préoccupant de sa reddition ; il le fit avec une telle promptitude de résolution que toute l'armée bourguignonne fut bientôt mise en déroute, et son chef, auparavant invaincu, tué, et qu'il délivra de la sorte, non seulement les Français et les Allemands, dont le Bourguignon était la terreur, mais l'Europe entière qui redoutait sa puissance et dans le moment de sa frayeur.

Le troisième jour après la bataille, René prit soin de faire inhumer avec une grande pompe Charles, retrouvé au milieu des cadavres de ceux qui avaient succombé avec lui ; il le fit non pas comme un ennemi envers un ennemi, mais comme un fils à l'égard de son père, et lui accorda les honneurs d'un magnifique tombeau dans l'église Saint-Georges (où sont inhumés les corps des ducs de Lorraine). Il s'abstint de poursuivre avec une violence hostile, en raison des dommages que lui avait fait éprouver son père, Marie, fille de Charles et son héritière, estimant qu'il serait peu honorable à un vaillant duc, surtout catholique, d'en venir aux prises avec une fille jeune et orpheline.

René mit toute son application et ses soins à relever la Lorraine saccagée par le fer et le feu. Il fit de magnifiques largesses à ceux de ses serviteurs et de ses sujets qui lui étaient restés fidèles, sans infliger le moindre châtiment à aucun de ceux qui avaient suivi le Bourguignon[1]. Toujours il aida de ses conseils et de sa bourse les exilés de leur patrie. Sa clémence ne fit jamais défaut aux coupables et aux criminels qui sollicitaient de lui le pardon, car il estimait que la justice sans clémence devient sévérité. Jamais et en aucun lieu il n'estima digne de lui de blesser ses ennemis les plus acharnés et qui lui dressaient secrètement des embûches, si ce n'est à force ouverte. Lorsque Ferdinand, bâtard d'Aragon, tyran (*tyrannus*) du pontife Sixte IV et de toutes les autres principautés d'Italie, provoquait à la guerre les Vénitiens, qu'il supposait ambitionner la domination de l'Italie entière, René, invité par les Vénitiens, ayant, dès une première rencontre, réduit plusieurs petites villes, alla commencer l'attaque de Ferrare, ville très-forte

---

1. Cette assertion n'est pas absolument exacte, et il suffit, pour s'en convaincre, de lire les *Commentaires sur la Chronique de Lorraine* publiés par M. Lepage dans le tome Ier des *Mémoires de la Société d'Archéologie* (t. IXe de la collection).

d'Italie, que commandait Alfonse, fils de Ferdinand, avec toute une armée italienne ; il comptait l'amener par de légères escarmouches à se décider à une bataille qui terminerait l'affaire ; ce qu'entrevoyant Ferdinand, qui savait combien son fils différait du Lorrain en courage, en connaissance de l'art militaire, en renommée, il accepta des Vénitiens une paix honteuse, et abandonna à leur discrétion Hercule, duc de Ferrare, son-gendre, qui, à sa persuasion, s'était joint à lui, à titre d'allié, pour cette guerre, et rappela dans ses Etats son fils Alfonse, dans la prévision de troubles qu'y pourrait occasionner l'arrivée de René en Italie.

Dans ce même temps, le roi Louis étant mort, René, appelé par les puissants du royaume, prit le chemin de France, voyageant jour et nuit ; il y servit le roi Charles, encore enfant, avec une incroyable sincérité, toutes sortes d'égards et un parfait désintéressement, sans lésion de qui que ce soit, préférant les avantages du roi et ceux du royaume à son profit personnel.

Profitant de cette occasion, Ferdinand se mit aussitôt à se dresser contre les petits princes d'Italie qu'il appréhendait de voir se donner à René. Mais la plupart d'entre eux, aidés par Innocent VIII, placés sous la bannière d'Anjou et sous l'égide de René, déterminèrent presque toute la Calabre, l'Apulie, la Lucanie, l'Abruzze et la meilleure partie de la Campanie, à retirer leur parole jurée à Ferdinand. Ils lui avaient fait concevoir une telle désespérance de réussite dans ses projets, qu'à la seule audition des préparatifs que faisait René, il se préoccupa beaucoup plus des moyens de lui échapper par la fuite que de ceux de lui résister.

Saisis par la frayeur qu'il leur inspirait, Laurent Sforce

et Louis de *Medicis*? (*Medices*) qui détestaient naturellement et à l'excès le nom français, et remplis du souvenir des dommages que leurs ancêtres avaient causés à la maison d'Anjou, surent ménager, mais non sans fourberie, une paix entre Innocent et Ferdinand, et par ce moyen forcer René, qui déjà était arrivé jusqu'à Lyon, par des chemins détournés et difficiles, avec toute son armée, à reprendre le chemin de la Lorraine.

Rentré dans son duché, René se tourna tout entier vers la dévotion ; il employa le reste de sa vie à servir Dieu, à gouverner son peuple et à faire son salut. Avant toutes choses, il adora Dieu avec tant de dévotion et de ferveur intérieure, qu'il assistait aux divers offices de jour et de nuit, et qu'on le considérait comme un autre David. Il gouverna son domaine et ses sujets avec une telle réserve, qu'il rendait la justice à tous et ne lésait personne. Il aima notamment la noblesse et fit toujours grand cas des hommes de guerre. Louant obligeamment les gens de bien, par son seul aspect et la gravité de ses mœurs, il détournait d'actes mauvais les méchants et les affamés de rapines. Il combla d'honneurs les hommes studieux et lettrés. Il lut lui-même les livres saints. Il donna toute son attention à l'étude de l'histoire moderne, et non moins de soins à la connaissance des astres. Il connaissait le droit, et il disait qu'un souverain qui l'ignore n'est nullement capable de discerner entre la droiture et l'injustice. Il défendit le simple peuple contre toute espèce de préjudice ; si quelques méchants rapineux des localités limitrophes s'avisaient de faire excursion sur les terres du duché, il en arrêtait la convoitise par l'argent et l'or, de peur que ses sujets ne souffrissent de leurs hostilités. Il avait un tel goût pour la chasse, en général, qu'il n'en interrompait l'exercice ni l'été ni

l'hiver. Il pensait que la chasse est nécessaire pour con-
server la santé et pour écarter l'oisiveté. Deux ans avant
sa mort, souffrant de l'estomac et souvent tourmenté
par une douleur de côté, il fit son testament par lequel
il légua les duchés de Lorraine et de Bar, le marquisat
du Pont, le comté de Vaudémont et toute la succession
de la Maison d'Anjou à Antoine, son fils aîné. A Claude,
plusieurs domaines qu'il possédait en France. Il prit soin
de faire asseoir Jean sur le siége épiscopal de Metz, et
Louis sur celui de Verdun. Il abandonna à la charité de
sa mère et de son frère, François, à qui seulement il
laissa sa gracieuse figure et sa ressemblance. Il donna
à sa femme sa vaisselle d'or et d'argent et tous ses
meubles les plus précieux.

Peu de temps après, deux jours avant son trépas, un
vendredi où l'on fait mémoire de la passion du Seigneur,
s'étant auparavant découvert à un prêtre, il fortifia, par
la céleste nourriture et le pain des anges, son âme puri-
fiée. Le second jour, il s'entretint longuement du mépris
de la mort et de la céleste patrie. Le troisième, qui repré-
sente la Résurrection du Christ, après la célébration de
la messe, étant sorti pour aller, selon sa coutume, chasser
non loin de Bar, il fut frappé d'apoplexie, et on dut le
ramener assis sur son cheval, dans le château voisin. Là,
déposé sur un lit, recommandant son âme à Dieu et
muni de l'extrême-onction, il quitta la vie dans la
57e année de son âge, la 1508e de l'ère chrétienne. Son
corps fut ensuite très-honorablement amené à Nancy et
reçut, avec les plus grands honneurs, la sépulture dans
la basilique de Saint-François que lui-même avait fait
élever de son vivant.

FIN DE LA VIE.

ÉPITAPHE DE RENÉ II, ROI DE SICILE ET DUC DE LORRAINE,
COMPOSÉE PAR PHILÉSIUS DES VOSGES.

Celui que décorèrent les royales couronnes du Royaume de
Solyme, de celui de Naples avec les terres de Sicile ;
Celui dont la Lorraine attristée pleure la mort
et que le pays de Bar regrette comme son duc ;
René, si célèbre par son insigne piété, a succombé
lui si digne de compter plus de jours que Nestor.
Celui qui dirigea tant de vaillants combats avec une conduite magnanime,
et qui cassa la tête au duc de Bourgogne son ennemi,
ayant terrassé ce lion, jouit de son domaine, gouvernant ses peuples
dans la plus tranquille aisance.
Il s'exerça dans différents genres d'études ;
savant lui-même, il combla les savants d'honorables récompenses.
Ensuite, arrivé avec une admirable droiture à une demi-vieillesse,
Il prit l'essor vers les demeures célestes les plus élevées.

TOUT CE QUI NAIT PÉRIT.

DISTIQUE DE PIERRE DE BLARRU DANS LEQUEL SE TROUVENT
LES LETTRES NUMÉRALES QUI FORMENT LE MILLÉSIME DE
L'ANNÉE DE LA MORT DE RENÉ.

reX probVs In sanCta reqVIesCat paCe RenatVs
trVXqVe graVI CesVs antea Marte Leo.

Le bon Roi René repose dans une sainte paix ;
Terrible lion auparavant, abattu par une triste mort.

M. CCCC. LXX. VVVVVVV. III.

A celui qui a mené, en toute intégrité, une vie chrétienne,
Arrive la mort du chrétien.

Gloire à Dieu.